AFJ313695

REGLEMENS
CONCERNANT
LES CHANCELLERIES
PRESIDIALES
DU ROYAUME,

*Des 21. Avril & 23. May 1670. 22. Avril 1673.
12. Novembre 1674. 27. Septembre 1677.
& 8. Aoust 1679.*

ARREST DU CONSEIL
D'ESTAT DU ROY,

RENDU AU RAPPORT DE MONSIEUR COLBERT,
Conseiller au Conseil Royal, Contrôlleur General des Finances, le
21. Avril 1670. portant Reglement pour les Chancelleries Presidiales
du Royaume : sur ce que les Juges, Officiers, Conseillers, Gardes-
Scels, Clercs commis aux Audiances, Gardes des petits Sceaux,
Greffiers, Procureurs, Huissiers, Sergens, & autres ayans pouvoir
d'exploiter, ont à garder & observer en ce qui concerne les fonctions
de leurs Charges au sujet desdites Chancelleries.

EXTRAIT DES REGISTRES DU CONSEIL D'ESTAT.

SUR ce qui a esté representé au Roy en son Conseil, qu'encore que par Arrest dudit Conseil du 11. jour de Juin 1668. Sa Majesté ait conformément aux Edits, Declarations & Reglemens faits tant par Elle que par les Rois ses Predecesseurs, sur le
fait des Chancelleries de ce Royaume, même à l'article 12. du second titre de son Ordonnance du mois d'Avril 1667. fait tres-expresses inhibitions & défenses à tous Huissiers & Sergens de ses Cours, Sieges, Presidiaux & Compagnies jugeans en dernier
ressort, de donner à l'avenir aucunes assignations esdites Cours, & esdits Sieges Presidiaux, soit en premiere instance, par appel ou autrement, & pour autres causes prohibées par lesdits Reglemens, qu'en vertu d'Arrest ou Lettres de Commissions bien &
deuëment scellées du Sceau desdites Chancelleries, établies prés lesdites Cours &
Sieges, à peine de suspension de leurs Offices, & aux Conseillers desdites Cours de
decerner cy-aprés aucunes Commissions pour faire assigner les parties sur les Requestes
presentées en icelles, & aux Procureurs desdites Cours & Sieges Presidiaux d'occuper pour les parties sur les assignations qui leur seront données esdites Cours & esdits
Sieges Presidiaux en causes, dont la Jurisdiction provisoire & en dernier ressort leur
est attribuée, qu'en vertu de Lettres expediées esdites Chancelleries desdites Cours
& Sieges Presidiaux, à peine contre lesdits Procureurs de 75 livres d'amende payable
sans déport ; Que défenses ayent esté faites aux Greffiers Civils & Criminels desdites
Cours & Sieges Presidiaux : ensemble à leurs Clercs & Commis, de delivrer aux parties par extraits aucuns Arrests, Sentences & Jugemens provisoires ou diffinitifs gi-
sans à execution, & toutes autres Commissions & Executoires qui seront donnez en
matiere Civile & Criminelle, qu'au prealable ils ne leurs apparoissent avoir esté bien &
deuëment scellées du Sceau desdites Chancelleries ; & à tous Huissiers & Sergens de
proceder par voye d'execution en vertu desdits Arrests, Jugemens, Executoires &
Commissions, que le Scel d'icelles Chancelleries n'y soit apposé, sur les peines portées
par lesdits Reglemens : Que par Arrest dudit Conseil du 26. Juin 1669. Sa Majesté ait

ordonné que ledit Arrest du 11. Juin 1668. servant de Reglement general pour les Chancelleries, seroit executé selon sa forme & teneur. Neanmoins Sa Majesté a esté informée des contraventions qui se font journellement ausdits Arrests, & de l'inexecution presque generale de tous les Edits & Reglemens faits sur le fait desdites Chancelleries & Arrests donnez en consequence par aucuns Officiers desdites Cours, Baillifs, Senéchaux, Lieutenans, Juges Presidiaux & autres Juges Subalternes, Conseillers, Gardes des Sceaux Presidiaux, Clercs commis aux Audiances des Chancelleries Presidiales, Gardes des petits Sels, Greffiers Civils, Criminels & Ordinaires, Greffiers d'Appeaux, Avocats, Procureurs, Huissiers & Sergens; ce qui cause un grand desordre & beaucoup de confusion en l'administration de la Justice, & l'entiere dissipation des droits de Sa Majesté dans lesdites Chancelleries, qui sont les plus anciens droits de la Couronne. A quoy voulant pourvoir, & retrancher la continuation des abus qui se sont glissez au mépris de tant de Reglemens, & rétablir l'ordre ancien dans toutes ses Chancelleries, par un Reglement general, qui soit à l'avenir inviolablement gardé & observé dans toute l'étenduë de son Royaume, & s'estant fait representer les Edits des mois de Decembre 1557. 19. Février 1561. 27. Septembre 1570. 2. Octobre 1571. les Arrests du Conseil des 4. Février & 20. Octobre 1574. l'Edit de Février 1575. la Declaration du 16. Mars 1576. l'Arrest du Conseil du 9. May 1580. l'Edit de Janvier 1583. le Reglement du 22. Decembre 1586. l'Arrest du Conseil du 27. May 1587. le Reglement du 4. Juin 1594. les Declarations des 13. Février 1598. & 12. Juillet 1603. les Reglemens des 2. Decembre 1608. 12. Decembre 1609. 13. Avril 1611. les Arrests du Conseil des 22. Janvier 1614. 8. Juillet 1615. l'Arrest du 3. Juillet 1621. l'Edit de Février 1621. l'Arrest du 20. Octobre 1624. la Declaration du 16. Octobre 1631. les Arrests des 12. Juillet & 17. Octobre audit an, 14. Juin 1631. la Declaration du 12. Février 1633. l'Arrest du Conseil du 12. Juillet audit an, l'Edit du mois de Decembre 1635. les Arrests du Conseil d'Estat des 20. Février 8. May 1636. & dernier Mars 1640. la Declaration du 19. Aoust 1647. les Arrests du Conseil du premier Octobre 1649. 11. Janvier 1650. 17. May & 4. Juillet 1651. les Declarations des dernier Juin 1653. 19. Janvier & 18. Juin 1657. 6. Septembre 1658. l'Arrest du Conseil du 22. Avril 1661. les Declarations des mois d'Avril & 13. Juillet 1664. les Arrests du Conseil des 12 & 30. Decembre audit an, 5. Avril 1667. 11. Juin & 19. Octobre 1668. & 26. Juin 1669. donnez sur le fait des Chancelleries.

LE ROY EN SON CONSEIL, de l'avis de Monsieur le Chancelier, A ordonné & ordonne, que lesdits Edits, Arrests & Reglemens seront executez, gardez & observez dans les Chancelleries de ses Cours & Sieges Presidiaux de ce Royaume: Ce faisant conformément à iceux, que toutes Commissions pour assigner en premiere instance esdites Cours & esdits Sieges Presidiaux en causes, dont la Jurisdiction provisoire & en dernier ressort leur est attribuée, Reliefs d'appels, Anticipations, Desertions, Conversions d'appels en oppositions, Desistemens, Acquiescemens, compulsoires, compensations & autres Lettres de Justice en matiere Civile & Criminelle, pour l'instruction & jugement des procez qui se jugeront esdites Cours esdits Sieges Presidiaux és cas des Edits de la Presidialité, & execution d'iceux, tant en premiere instance, que par appel des anciens ressorts, soit Chastelenies, Baronies, Prevostez, Bailliages, Sieges Royaux particuliers, Juges Conservateurs des Privileges Royaux des Universitez, Juges des Justices Subalternes ou d'ailleurs, & de nouvelle attribution, seront intitulez du nôm de sa Majesté, & dressez, signez & expediez par ses Secretaires lorsqu'il y en aura sur les lieux, & en leurs absences par les Secretaires desdites

Cours , & Greffiers d'Appeaux des Presidiaux , & scellez du Sceau desdites Chancelleries en chacune desdites Cours & Sieges Presidiaux de ce Royaume : Que toutes Sentences & Jugemens provisoires, interlocutoires & diffinitifs au premier ou second chef des Edits de Presidialité en matiere civile & criminelle donnez en procez par écrit à l'Audiance, hors d'icelle, ou par acquiescement accordez entre les Avocats, Procureurs & leurs parties esdits Sieges Presidiaux, soit pour principal, dommages & interests, ou dépens liquidez par le President, l'un des Lieutenans Conseillers esdits Sieges, seul ou par plusieurs, soit par appel des anciens Ressorts, Sieges particuliers, ou d'ailleurs, & autres Sieges & Justices subalternes cy-dessus énoncées, ou de nouvelle attribution en toute matiere dont la Jurisdiction en dernier Ressort ou provisoire est attribuée ausdits Presidiaux, par les Edits de Presidialité & ampliation d'iceux seront intitulez, les Gens tenans le Siege Presidial, & scellées pareillement du Sceau desdites Chancelleries, ensemble les executoires de dépens émanez desdites Sentences.

Pour le Scel desquelles Lettres, Jugemens & Sentences sujettes au Sceau desdites Chancelleries Presidiales. Sa Majesté fait défenses de prendre & lever plus grands droits que ceux portez par les Edits des mois de Décembre 1557. Février 1561. Septembre 1570. Arrest du 20. Octobre 1574. Edit de Février 1575. Reglement du 22. Septembre 1586. Edit du mois de Décembre 1635. & Arrests du Conseil d'Estat des 20. Février 1636. & dernier Mars 1640. conformément ausquels sera seulement payé pour chacune desdites Commissions pour assigner en premiere instance esdites Cours & esdits Sieges Presidiaux en causes, dont la Jurisdiction provisoire & en dernier ressort leur est attribuée, reliefs d'appel, anticipations, desertions, conversions d'appel en oppositions, desistemens, acquiescemens, compulsoires, executoires de dépens, Sentences & Jugemens interlocutoires, & Sentences diffinitives au dessous de la somme de cinquante livres pour chacun impetrant, jusqu'au nombre de quatre, huit sols parisis d'ancien droit en matiere civile, & cinq sols tournois d'augmentation, faisant en tout la somme de quinze sols, dont il revient à sa Majesté cinq sols parisis destinez de toute ancienneté pour le payement des Charges de la grande Chancellerie & autres de ce Royaume, & le revenant bon aliéné par Edit du mois de Février 1622. A ses Secretaires du College ancien un sol parisis; à ceux du College des cinquante-quatre, deux sols parisis ; & les cinq sols d'augmentation , aux Secretaires du College des trente-six des Finances, & autres Secretaires & Officiers reservez par la Declaration du mois de Mars 1664. Et si lesdites Lettres & Sentences sont en matiere criminelle, sera payé dix sols parisis pour chacun impetrant, & cinq sols d'augmentation, faisant en tout dix-sept sols six deniers, dont il revient audit College ancien six sols parisis; trois sols parisis au College des cinquante-quatre un sol parisis aux Chauffecires de France; & lesdits cinq sols d'augmentation ausdits Secretaires des trente-six, & Officiers reservez; Et pour tous les Jugemens & Sentences diffinitives au premier ou second chef des Edits de la Presidialité donnez en procez par écrit à l'Audiance hors d'icelle, ou par acquiescement entre les Avocats, Procureurs des parties, pour la somme de cinquante livres, & au dessus, soit pour principal, dommage & interests, ou dépens liquidez. Sera aussi seulement payé en matiere civile pour chacun impetrant, jusqu'au nombre de quatre, cinquante-un sols parisis, & cinq sols d'augmentation, faisant en tout soixante-huit sols neuf deniers, sur lesquels il revient à sa Majesté quarante-cinq sols parisis destinez comme dessus ; cinq sols parisis au College ancien, un sol parisis aux Chauffecires de France ; & l'augmentation de cinq fols partagée comme cy-deſſus : Et en matiere criminelle, ſera payé meſme ſomme pour autant qu'il y a d'impetrans, ſur laquelle ſa Majeſté ne prend aucune choſe : & à l'égard des Chancelleries deſdites Cours, ſera levé pareil droit ſur leſdites Lettres ; & en outre le droit d'augmentation de l'Edit de 1631. ſuivant les modifications portées par les Declarations des 8. Mars 1633. & 3. Mars 1634.

Enjoint ſa Majeſté à ſes Cours, Juges Preſidiaux, Baillifs, Senéchaux, Lieutenans, Conſeillers, Juges Conſervateurs des Privileges Royaux des Univerſitez, & autres Juges Royaux & ſubalternes, de faire garder & obſerver leſdits Edits, Declarations, Reglemens & Arreſts, de point en point, ſans y contrevenir, ny ſouffrir qu'il y ſoit contrevenu ; d'enjoindre aux Procureurs deſdits Sieges Preſidiaux de faire la reſtri-ction au premier ou ſecond chef de l'Edit, ou bien declaration de la qualité de la cauſe, dont ils feront pourſuites, bien que leurs demandes ſoient certaines & liqui-des, avant de recevoir les parties à conteſter en icelles, & de faire inhibitions & défenſes à leurs Greffiers, leurs Clercs & Commis, de recevoir ny délivrer aucun acte ny appointement avant ladite reſtriction ou declaration, à peine de nullité, de ſuſ-penſion auſdits Procureurs & Greffiers de leurs Eſtats & Charges, & des dépens, dommages & intereſts des parties. Fait défenſes ſa Majeſté auſdits Officiers deſdites Cours & Juges Preſidiaux, Baillifs & Senéchaux, de recevoir ſur ſimple Requeſte & ſans Lettres intitulées de ſon nom, ſignées & expediées comme dit eſt cy-deſſus, & ſcellées du Sceau deſdites Chancelleries deſdites Cours & Sieges Preſidiaux, aucunes parties appellantes les tenir pour bien relevées, à renoncer & ſe deſiſter, ou acquieſ-cer à leurs appellations interjettées ou à interjetter de quelques Juges & reſſorts que ce ſoient, anciens & nouveaux, les convertir en oppoſitions, faire anticiper ou adjour-ner aucuns en deſertion ſur icelles, devant eux, ni aucunes autres Lettres cy-devant énoncées qui dépendent de ſa ſeule autorité, és matieres reſſortiſſans eſdites Cours & eſdits Sieges Preſidiaux, és cas des Edits de la Preſidialité, & execution d'iceux ; & d'accorder aux parties ſur Requeſtes ou Lettres intitulées de leur nom, ce qu'elles ne doivent obtenir que par Lettres expediées eſdites Chancelleries deſdites Cours & Sieges Preſidiaux, ny de les ſceller ou faire ſceller de leurs Sceaux particuliers ou or-dinaires des Baillages, d'ordonner que les Arreſts, Sentences & Jugemens rendus és cas deſdits Edits, giſans à execution, ſoient ſignifiez & executez en vertu de l'Extrait, même avec ces mots, *en payant les droits du Sceau*, & de donner ſur Requeſtes à eux preſentées, des permiſſions aux parties de ſaiſir, ou autrement agir en vertu deſ-dits Arreſts & Jugemens non ſcellez eſdites Chancelleries, ny priver ſa Majeſté & ſeſ-dits Secretaires deſdits droits, ou iceux diminuer ſous quelque cauſe & pretexte que ce ſoit, contre & au préjudice deſdits Reglemens directement ou indirectement, & de prendre aucune connoiſſance du fait, taxe & moderation du Sceau, ſur les peines portées par leſdits Edits.

Fait Sa Majeſté défenſes aux Greffiers Civils, Criminels & Ordinaires deſdits Sie-ges Preſidiaux, leurs Clercs & Commis de s'ingerer, faire, ſigner & expedier, ſous le nom deſdits Baillifs & Juges, ny autrement, en quelque maniere que ce ſoit, au-cunes Lettres de Relief d'Appel, Anticipations, Deſertions, Compulſoires, & autres Lettres cy-deſſus qui doivent eſtre intitulées du nom de Sa Majeſté, & les Sentences & Jugemens procedans, tant des anciens reſſorts que des nouveaux és cas des Edits de la Preſidialité, & Executoires de dépens émanez deſdites Sentences, autrement que ſous le nom des Gens tenans le Siege Preſidial, de recevoir ny délivrer aucuns actes, Sentences & Appointemens, qu'au prealable les parties n'ayent reſtraint leurs deman-

des

des au premier ou second chef de l'Edit, quoique lesdites demandes fuſſent certaines ou liquides, de ſigner, ny délivrer aux Parties ou à leurs Procureurs, lesdits Jugemens, Sentences, & Executoires avant qu'elles ayent eſté ſcellées du Sceau deſdites Chancelleries Preſidiales où ils feront tenus de les apporter à cet effet, à peine d'eſtre reſponſables en leurs propres & privez noms des droits du Sceau deſdites Sentences & Jugemens, au payement deſquels ils feront contraints, comme pour les propres deniers de Sa Majeſté, enſemble de délivrer autrement qu'en forme, & non par extrait aucunes deſdites Sentences, Jugemens, & Executoires, & autres Actes qui feront donnez en matiere Civile & Criminelle, leur enjoignant Sa Majeſté de repreſenter toutefois & quantes qu'ils en feront requis leurs Regiſtres & Feüilles des Expeditions és cas deſdits Edits en matiere Civile & Criminelle, & de faire auſſi ſommaire mention des demandes des parties dans les Appointemens & Sentences renduës ſur les Appels, tant des anciens que des nouveaux Reſſorts.

Enjoint aux Greffiers d'Appeaux, leurs Clercs & Commis de faire un Regiſtre abregé, ſeparé, & par journées diſtinctes, portans les noms & qualitez des expeditions par eux faites, en matiere Civile & Criminelle ſujettes au Sceau des Chancelleries Preſidiales, où ils feront tenus leurs Clercs & Commis de les apporter, pour y eſtre mis & écrit le Scellé, leur faiſant défenſes de délivrer aux parties ou à leurs Procureurs leſdites Expeditions ſi elles ne ſont en forme, & non par extrait, & qu'il ne leur apparoiſſe avoir eſté auparavant ſcellées du Sceau deſdites Chancelleries Preſidiales.

Fait défenſes aux Gardes des petits Scels des Bailliages, leurs Clercs & Commis de ſceller de leurs Scels aucunes deſdites Lettres de reliefs d'appels, anticipations, deſertions, converſions d'Appels en oppoſitions, deſiſtemens, acquieſcemens, compulſoires, executoires de dépens, ſentences & jugemens proviſoires, interlocutoires & définitifs, ny aucuns autres actes qui doivent eſtre intitulez du nom de Sa Majeſté, & des gens tenans le Siege Preſidial, en matiere Civile & Criminelle, és cas des Edits de la Preſidialité, ſoit en premiere inſtance, ou comme procedans des anciens Reſſorts des Bailliages, Prevoſtez, Chaſtellenies, Baronnies, Bailliages, Sieges Royaux particuliers, Juges Conſervateurs des Privileges Royaux, des Univerſitez, Juſtices ſubalternes ou d'ailleurs & de nouvelle attribution : combien qu'en icelles Sentences ne ſoient inſerez ces mots, Par jugement Preſidial & en dernier reſſort, & de prendre aucun droit ſur icelles en vertu dudit petit Scel ſur les peines portées par leſdits Edits.

Et aux Procureurs deſdites Cours & Sieges Preſidiaux d'occupper pour les parties ſur les affignations qui leur feront données eſdites Cours & eſdits Sieges Preſidiaux en cauſes, dont la Juriſdiction proviſoire & en dernier reſſort leur eſt attribuée, qu'en vertu de Lettres expediées eſdites Chancelleries deſdites Cours & deſdits Sieges Preſidiaux, & de preſenter Requeſtes aux Baillifs, Senéchaux, Lieutenans & auſdits Juges, tant pour venir proceder ou anticiper ſur l'appel des Sentences & Jugemens, procedans ſoit des anciens reſſorts, des Bailliages, Prevoſtez Royales, Chaſtellenies, Baronnies, Sieges Royaux particuliers, Juges Conſervateurs, ou d'ailleurs, & de nouvelle attribution, que pour l'execution des Jugemens rendus ſur les appels, & de s'aider en aucune maniere d'iceux ſans que leſdites Lettres, Sentences & Jugemens ayent eſté ſcellées du Sceau deſdites Chancelleries Preſidiales, à peine de ſoixante-quinze livres d'amende payables ſans déport.

Et à tous Huiſſiers & Sergens de donner aucunes affignations eſdites Cours & eſdits Sieges Prefidiaux, foit en premiere inftance par appel ou autrement, & pour autres caufes prohibées par lefdits reglemens qu'en vertu de Lettres bien & deuëment fcellées du Sceau defdites Chancelleries, & de fignifier & mettre à execution aucunes Lettres & Jugemens rendus és cas defdits Edits, ni aucuns Arrefts émanez defdites Cours, qu'il ne leur apparoiffe lefdits Arrefts, Lettres, Sentences & Jugemens avoir efté fcellez du Sceau defdites Chancelleries defdites Cours & Sieges Prefidiaux, leur défendant auffi Sa Majefté de fignifier & executer lefdits Arrefts, Jugemens & Sentences par Extrait.

Ordonne Sa Majefté que la garde du Scel demeurera & appartiendra aux Confeillers Gardes des Sceaux defdites Chancelleries Prefidiales, & la clef d'iceluy au plus ancien de fes Secretaires qui fe trouveront fur les Lieux, & en leurs abfences aux Greffiers d'Appeaux, ou aux Fermiers, commis ou fubftituez à la Recepte, Regiftre & Contrôlle des droits appartenans à Sa Majefté, & à fes Secretaires, que lefdits Gardes des Sceaux defdits Sieges Prefidiaux apporteront au Palais, à jours certains & heures reglées, la Caffette dans laquelle le Sceau eft enfermé; auquel temps lefdits Secretaires, Greffiers d'Appeaux, Fermiers ou Commis feront tenus de fe trouver, pour eftre ledit Sceau ouvert, & les expeditions enfuite fcellées, & le contrôlle & taxe defdites Lettres fait en leurs prefences. FAISANT SA MAJESTE' défenfes aufdits Confeillers, Gardes des Sceaux, de taxer eux-mêmes lefdites Expeditions, ny mettre le fcellé fur icelles, leur enjoignant de tenir la main à l'execution defdits Edits & prefent Reglement, & à la levée defdits droits fur les peines portées par iceux.

Enjoint aux Clercs commis aux Audiances des Chancelleries Prefidiales, de tenir un Regiftre exact, & par journées diftinctes de toutes les Expeditions fujettes au Sceau defdites Chancelleries Prefidiales avec le nom, furnom, & le nombre des impetrans, & en l'abfence des Secretaires de Sa Majefté de taxer les Lettres conformément au prefent Reglement, fans y apporter aucune moderation, ny en faire aucune gratification, à peine d'en répondre en leurs propres & privez noms, & d'envoyer à leurs dépens de fix mois en fix mois aux grands Audianciers, les droits du Roy, les charges ordinaires préalablement deduites, & aufdits Secretaires & Chauffecires les droits à eux appartenans, franchement & quittement, fans que fous pretexte des affignations & contraintes qui leurs auroient ou pourroient cy-aprés eftre faites à la Requefte des Procureurs generaux de Sa Majefté des Chambres des Comptes, pour y compter defdits droits au préjudice de leur Edit de creation du mois de Decembre 1557. de l'Edit du mois de Février 1561. de l'Arreft du Confeil du quatriéme Février 1574. de l'Edit du mois de Février 1622. & des Arrefts du Confeil des 8. May 1636. & 22. Avril 1661. lefdits Clercs commis & tous autres qui ont fait & feront cy-aprés la recepte defdits droits, puiffent fe difpenfer de compter par eftat dans ledit temps defdits droits du Sceau aufdits grands Audianciers, Secretaires, Chauffecires & autres ayans d'eux pouvoir, defquelles affignations, contraintes & amendes, Sa Majefté les a déchargez & les en décharge d'abondant par le prefent Arreft, leur faifant défenfes de rendre aucun compte defdits droits aufdites Chambres, & à fes Procureurs generaux en icelles d'en faire aucune requifition ny pourfuites, & aufdites Chambres de décerner aucunes contraintes, ny rendre aucuns Arrefts contre eux; & à tous Huiffiers defdites Chambres de mettre à execution aucuns Arrefts, Contraintes & executoires pour raifon de ce, ny d'exiger defdits Clercs commis, & de tous autres qui ont fait & feront la recepte defdits droits aucuns deniers; fous pretexte de frais, de voyages, ny autrement, à peine de concuffion & de privation de leurs Charges; defquels deniers neanmoins lefdits grands Audianciers feront tenus de compter en la Chambre des Comptes de Paris, fuivant la Declaration du 12. Juillet 1603. regiftrée en ladite Chan.bre le 18. Decembre audit an.

Et fera le prefent Arreft fervant de Reglement general pour les Chancelleries, executé fur les peines portées par lefdits Edits, Declarations, Arrefts, & Reglemens, fans que lefdites peines puiffent eftre reputées comminatoires, nonobftant oppofitions ou appellations quelconques, dont fi aucunes interviennent, SA MAJESTE' s'en eft refervé la connoiffance, & icelle a renvoyé & renvoye à Monfieur le Chancelier, pour y eftre fait droit ainfi que de raifon, pardevant lequel tous contrevenans feront affignez en vertu du prefent Arreft, qui fera lû, publié, regiftré & affiché par tout où befoin fera, fur la requifition, & à la diligence de fes Procureurs generaux en fefdites Cours, & leurs Subftituts efdits Sieges Prefidiaux, à peine par lefdits Subftituts de répondre en leurs propres & privez noms defdits droits de Sa Majefté, & de fes Secretaires, & pour l'execution du prefent Arreft feront toutes Lettres neceffaires expediées. Fait au Confeil d'Eftat du Roy, tenu à faint Germain en Laye le vingt-uniéme jour d'Avril 1670. Collationné, Signé BERRYER.

LOUIS par la grace de Dieu, Roy de France & de Navarre, &c. DONNE' à faint Germain en Laye, le 21. du mois d'Avril, l'an de grace 1670. & de noftre regne le vingt feptiéme. Signé par le Roy Dauphin Comte de Provence en fon Confeil, BERRYER. Et fcellé du grand Sceau de cire jaune fur fimple queuë.

Declaration du Roy du 23. May 1670. donnée en confequence de l'Arreft en forme de Reglement du 21. Avril precedent, publiée en la maniere accoûtumée le 28. dudit mois de May.

LOUIS par la grace de Dieu Roy de France & de Navarre : A tous ceux qui ces prefentes Lettres verront, Salut. Les foins continuels qui nous occupent journellement à regler toutes les chofes qui concernent la Juftice de noftre Royaume, nous ayant obligé de prendre une connoiffance particuliere de l'état de nos Chancelleries établies prés nos Cours jugeans en dernier reffort, & de celles des Prefidiaux de noftre Royaume : Nous les avons trouvées fi dereglées & dans une fi grande confufion, foit par la negligence de nos Officiers, ou par la malice de ceux qui en ont perceu les émolumens qu'ils fe font appropriez, au lieu de les appliquer à l'ufage auquel ils font deftinez, que nous avons eftimé ne devoir plus long-temps differer à y apporter les remedes convenables, & particulierement pour faire connoiftre à tous nos Sujets, comme nos Sceaux leurs doivent eftre en veneration, puifqu'en iceux eft la marque & le caractere de noftre Souveraineté, qui leur doit imprimer celuy de l'obeïffance : A ces Caufes, aprés avoir fait examiner en noftre Confeil toutes les anciennes & nouvelles Ordonnances, Edits & Reglemens faits par les Rois nos Predeceffeurs & par Nous fur le fait defdites Chancelleries; & pour les faire religieufement obferver à l'avenir, de l'avis de noftre tres-cher & feal Chevalier, Chancelier de France le Sieur Seguier, Nous aurions fait donner Arreft en noftredit Confeil le 21. Avril dernier, en confequence duquel & de tous lefdits anciens & nouveaux Reglemens. Nous avons dit & declaré, difons & declarons par ces prefentes fignées de noftre main : Voulons & Nous plaift, conformément à iceluy, que tous lefdits Edits, Arrefts, anciens & nouveaux Reglemens fur le fait de nofdites Chancelleries, foient executez, gardez & obfervez dans toutes celles de nofdites Cours & Prefidiaux de ce Royaume ; ce faifant , que toutes Commiffions pour affigner en premiere inftance efdites Cours & efdits Sieges Prefidiaux en Caufes, dont la Jurifdiction provifoire & en dernier reffort leur eft attribuée, reliefs d'appels, anticipations, defertions, converfions d'appels en oppofitions, defiftemens, acquiefcemens, compulfoires, compenfations & autres Lettres de Juftice en matiere civile & criminelle, pour l'inftruction & jugement des procés qui fe jugeront efdites Cours & efdits Sieges Prefidiaux és cas de Prefidialité & execution d'iceux, tant en premiere inftance que par appel des anciens refforts, foit Chaftellenies, Baronnies, Prevoftez, Bailliages, Sieges Royaux particuliers, Juges Confervateurs des Privileges Royaux des Univerfitez, Juges des Juftices fubalternes ou d'ailleurs & de nouvelle attribution, feront intitulées de noftre nom, & dreffées, fignées & expediées par nos Secretaires lorfqu'il y en aura fur les lieux, & en leurs abfences par les Secretaires defdites Cours & Greffiers d'Appeaux des Prefidiaux, & fcellez du Sceau defdites Chancelleries en chacune defdites Cours & Sieges Prefidiaux de ce Royaume : Que toutes Sentences & Jugemens provifoires, interlocutoires & difinitifs au premier & fecond chef des Edits de Prefidialité en matiere civile & criminelle, donnez en Procés par écrit à l'Audiance hors d'icelle, ou par acquiefcemens accordez entre les Avocats, Procureurs & leurs parties efdits Sieges Prefidiaux, foit pour principal, dommages & interefts, ou dépens liquidez par le Prefident, l'un des Lieutenans Confeillers efdits Sieges, feul, ou par plufieurs, foit par appel des anciens refforts, Sieges particuliers ou d'ailleurs, & autres Sieges & Juftices fubalternes cy-deffus énoncées, ou de nouvelle attribution en toute matiere, dont la Jurifdiction en dernier reffort ou provifoire eft attribuée aufdits Prefidiaux par les Edits de Prefidialité & ampliation d'iceux, feront intitulez, les Gens tenans le Siege Prefidial, & fcellez pareillement du Sceau defdites Chancelleries, enfemble les Executoires de dépens émanez defdites Sentences. Pour le Scel defquelles Lettres, Jugemens & Sentences fujettes au Sceau defdites Chancelleries Prefidiales, Nous défendons de prendre & lever plus grands droits que ceux portez par les Edits des mois de Decembre 1557. Février 1561. Septembre 1570. Arreft du 20. Octobre 1574. Edit de Février 1575. Reglement du 22. Septembre 1586. Edit du mois de Decembre 1635. Et Arrefts du Confeil d'Eftat des 20. Février 1636. & dernier Mars 1640. conformément aufquels fera feulement payé pour chacune defdites Commiffions pour affigner en premiere inftance efdites Cours & efdits Sieges Prefidiaux en caufes, dont la Jurifdiction provifoire & en dernier reffort leur eft attribuée. Reliefs d'appels, anticipations, defertions, converfions d'appels en oppofitions, defiftemens, acquiefcemens, compulfoires, executoires de dépens, Sentences & jugemens interlocutoires, & fentences difinitives, au deffous de la fomme de cinquante livres pour chacun impetrant, jufqu'au nombre de quatre, huit fols parifis d'ancien droit en matiere civile, & cinq fols tournois d'augmentation, faifant en tout la fomme de quinze fols, dont il nous revient cinq fols parifis, deftinez de toute ancienneté pour le payement des Charges de noftre grande Chancellerie, & autres de ce Royaume, & le revenant bon aliéné par Edit du mois de Février 1622. A nos Secretaires du College ancien, un fol parifis : A ceux du College des cinquantequatre, deux fols parifis ; & les cinq fols d'augmentation aux Secretaires du College des trente-fix des Finances, & autres Secretaires & Officiers refervez par noftre Declaration du mois de Mars 1664. Et fi lefdites Lettres & Sentences font en matiere criminelle, fera payé dix fols parifis pour chacun impetrant, & cinq fols d'augmentation, faifant en tout dix-fept fols fix deniers, dont il revient audit College ancien, fix fols

parifis,

parifis, trois fols parifis au College des cinquante-quatre, un fol parifis aux Chauffe-cires de France; & lefdits cinq fols d'augmentation aufdits Secretaires des trente-fix & Officiers refervez; Et pour tous les Jugemens & Sentences difinitives au premier ou fecond chef des Edits de la Prefidialité, donnez en procez par écrit en l'Audiance hors d'icelle, ou par acquiefcemens entre les Avocats & Procureurs des parties, pour la fomme de cinquante livres, & au deffus, foit pour principal, dommages & interefts, ou dépens liquidez; Sera auffi feulement payé en matiere civile pour chacun impetrant, jufqu'au nombre de quatre; cinquante-un fol parifis, & cinq fols d'augmentation, faifant en tout foixante-huit fols neuf deniers, fur lefquels il nous revient quarante-cinq fols parifis, deftinez comme deffus, cinq fols parifis au College Ancien, un fol pari-fis aux Chauffecires de France, & l'augmentation de cinq fols partagée comme cy deffus: Et en matiere criminelle, fera payé même fomme pour autant qu'il y a d'impetrans, fur laquelle Nous ne prenons aucune chofe; Et à l'égard des Chancelleries defdites Cours, fera levé pareil droit fur lefdites Lettres, & en outre le droit d'augmentation de l'Edit de 1631. fuivant les modifications portées par les Declarations des 8. Mars 1633. & 3. Mars 1634. ENJOIGNONS à nos Cours, Juges Prefidiaux, Baillifs, Senéchaux, Lieutenans, Confeillers, Juges Confervateurs des Privileges Royaux des Univerfitez & autres Juges Royaux & Subalternes, de faire garder & obferver lefdits Edits, Declarations, Reglemens & Arrefts de point en point, fans y contrevenir ny fouffrir qu'il y foit contrevenu: D'enjoindre aux Procureurs defdits Sieges Prefidiaux de faire la reftriction au premier ou fecond chef de l'Edit, ou bien declaration de la qualité de la caufe dont ils feront pourfuites, bien que leurs demandes foient certai-nes & liquides, avant de recevoir les parties à contefter en icelle, & de faire inhibi-tions & défenfes à leurs Greffiers, leurs Clercs & Commis, de recevoir ny délivrer aucun acte ny appointement avant ladite reftriction ou declaration, à peine de nul-lité, de fufpenfion aufdits Procureurs & Greffiers de leurs Etats & Charges, & des dépens, dommages & interefts des parties. DEFFENDONS aufdits Officiers defdi-tes Cours & Juges Prefidiaux, Baillifs & Senéchaux, de recevoir fur fimples Requê-tes & fans Lettres intitulées de noftre Nom, fignées & expediées, comme eft dit cy-deffus, & fcellées du Sceau defdites Chancelleries defdites Cours & Sieges Prefidiaux, aucunes parties appellantes, les tenir pour bien relevées, à renoncer & fe defifter, ou acquiefcer à leurs appellations interjettées ou à interjetter de quelques Juges & Ref-forts que ce foient, anciens & nouveaux, les convertir en oppofitions, faire anticiper ou adjourner aucuns en defertion fur icelles devant eux, ny aucunes autres Lettres cy-devant énoncées, qui dépendent de noftre feule autorité és matieres reffortiffantes efdites Cours & efdits Sieges Prefidiaux és cas des Edits de la Prefidialité & execu-tion d'iceux, & d'accorder aux parties fur Requeftes ou Lettres intitulées de leur Nom, ce qu'elles ne doivent obtenir que par Lettres expediées efdites Chancelleries defdites Cours & Sieges Prefidiaux, ni de les fceller ou faire fceller de leurs Sceaux particuliers ou ordinaires des Bailliages, d'ordonner que les Arrefts, Sentences & Ju-gemens rendus és cas defdits Edits gifans à execution, foient fignifiez & executez en vertu de l'Extrait, même avec ces mots, *en payant les droits du Sceau*, & de donner fur Requeftes à eux prefentées des permiffions aux parties de faifir, ou autrement agir en vertu defdits Arrefts & Jugemens non fcellées efdites Chancelleries, ny nous pri-ver & nofdits Secretaires defdits droits, ou iceux diminuer fous quelque caufe & pre-texte que ce foit, contre & au préjudice defdits Reglemens, directement ou indire-ctement, & de prendre aucune connoiffance du fait, taxe & moderation du Sceau,

C

fur les peines portées par lefdits Edits. Deffendons aux Greffiers Civils, Criminels & Ordinaires defdits Sieges Prefidiaux, leurs Clercs & Commis de s'ingerer, faire figner & expedier fous le nom defdits Baillifs & Juges, ny autrement, en quelque maniere que ce foit, aucunes Lettres de Reliefs d'appels, Anticipations, Defertions, Compulfoires & autres Lettres cy-deffus qui doivent eftre intitulées de noftre Nom, & les Sentences & Jugemens procedans, tant des anciens Refforts, que des nouveaux és cas des Edits de la Prefidialité & Executoires de dépens émanez defdites Sentences, autrement que fous le nom des Gens tenans le Siege Prefidial, de recevoir ny délivrer aucuns Actes, Sentences & Appointemens, qu'au prealable les parties n'ayent reftreint leurs demandes au premier ou fecond chef de l'Edit, quoique lefdites demandes fuffent certaines ou liquides, de figner ny délivrer aux parties ou à leurs Procureurs lefdits Jugemens, Sentences & Executoires avant qu'elles ayent efté fcellées du Sceau defdites Chancelleries Prefidiales, où ils feront tenus de les apporter à cet effet, à peine d'eftre refponfables en leurs propres & privez noms des droits du Sceau defdites Sentences & Jugemens, au payement defquels ils feront contraints, comme pour nos propres deniers, enfemble de délivrer autrement qu'en forme, & non par Extrait aucunes defdites Sentences, Jugemens & Executoires, & autres actes qui feront donnez en matiere civile & criminelle : Leurs enjoignons de reprefenter toutefois & quantes qu'ils en feront requis leurs Regiftres & Feüilles des Expeditions és cas defdits Edits en matiere civile & criminelle, & de faire auffi fommaire mention des demandes des parties dans les Appointemens & Sentences renduës fur les Appels, tant des anciens que des nouveaux refforts. Ordonnons aux Greffiers d'Appeaux leurs Clercs & Commis, de faire un Regiftre abregé, feparé & par journées diftinctes, portant les noms & qualitez des Expeditions par eux faites en matiere civile & criminelle fujettes au Sceau des Chancelleries Prefidiales, où ils feront tenus, leurs Clercs & Commis de les apporter pour y eftre mis & écrit le Scellé. Leur faifant défenfes de délivrer aux parties ou à leurs Procureurs lefdites Expeditions, fi elles ne font en forme & non par extrait, & qu'il ne leur apparoiffe avoir efté auparavant fcellées du Sceau defdites Chancelleries Prefidiales : Faifons deffenfes aux Gardes des petits Scels des Bailliages, leurs Clercs & Commis de fceller de leurs Scels aucunes defdites Lettres de Reliefs d'appel, Anticipations, Defertions, Converfions d'appels en oppofitions, Defiftemens, Acquiefcemens, Compulfoires, Executoires de dépens, Sentences & Jugemens provifoires, interlocutoires & diffinitifs, ny aucuns autres actes qui doivent eftre intitulez de noftre Nom, & des Gens tenans le Siege Prefidial en matiere civile & criminelle és cas des Edits de la Prefidialité, foit en premiere inftance, ou comme procedans des anciens Refforts des Bailliages, Prevoftez, Chaftellenies, Baronies, Bailliages, Sieges Royaux particuliers, Juges Confervateurs des Privileges Royaux des Univerfitez, Juftices fubalternes ou d'ailleurs, & de nouvelle attribution, combien qu'en icelles Sentences ne foient inferez ces mots, *Par Jugement Prefidial, & en dernier Reffort*, & de prendre aucun droit fur icelles en vertu dudit petit Scel, fur les peines portées par lefdits Edits. Et aux Procureurs defdites Cours & Sieges Prefidiaux, d'occuper pour les parties fur les affignations qui leur feront données efdites Cours & efdits Sieges Prefidiaux en caufes, dont la Jurifdiction provifoire & en dernier Reffort leur eft attribuée; qu'en vertu de Lettres expediées efdites Chancelleries defdites Cours & efdits Sieges Prefidiaux, & de prefenter Requeftes aux Baillifs, Senéchaux, Lieutenans & aufdits Juges, tant pour venir proceder ou anticiper fur l'appel des Sentences & Jugemens procedans, foit des anciens Refforts des Bailliages, Prevoftez

Royales, Chaftellenies, Baronnies, Sieges Royaux particuliers, Juges Confervateurs ou d'ailleurs, & de nouvelle attribution, que pour l'execution des Jugemens rendus fur les appels, & de s'aider en aucune maniere d'iceux, fans que lefdites Lettres, Sentences & Jugemens ayent efté fcellez du Sceau defdites Chancelleries Prefidiales, à peine de foixante-quinze livres d'amende, payable fans déport. Et à tous Huiffiers & Sergens, de donner aucunes affignations efdites Cours & efdits Sieges Prefidiaux, foit en premiere inftance, par appel ou autrement, & pour autres caufes prohibées par lefdits Reglemens, qu'en vertu de Lettres bien & deuëment fcellées du Sceau defdites Chancelleries, & de fignifier & mettre à execution aucunes Lettres & Jugemens rendus és cas defdits Edits, ny aucuns Arrefts émanez defdites Cours, qu'il ne leur apparoiffe lefdits Arrefts, Lettres, Sentences & Jugemens avoir efté fcellez du Sceau defdites Chancelleries defdites Cours & Sieges Prefidiaux : Leur deffendant de fignifier & executer lefdits Arrefts, Jugemens & Sentences par extrait. Ordonnons que la garde du Scel demeurera & appartiendra aux Confeillers Gardes des Sceaux defdites Chancelleries Prefidiales, & la clef d'iceluy au plus ancien de nos Secretaires qui fe trouveront fur les lieux, & en leurs abfences aux Greffiers d'Appeaux ou aux Fermiers, Commis ou Subftituez à la Recepte, Regiftre & Contrôlle des droits à Nous appartenans & à nos Secretaires, que lefdits Gardes des Sceaux defdits Sieges Prefidiaux apporteront au Palais, à jours certains & heures reglées, la Caffette dans laquelle le Sceau eft enfermé, aufquels temps nofdits Secretaires, Greffiers d'Appeaux, Fermiers ou Commis feront tenus de fe trouver, pour eftre ledit Sceau ouvert, & les Expeditions enfuite fcellées, & le Contrôlle & Taxe defdites Lettres faites en leurs prefences : Defendons aufdits Confeillers Gardes des Sceaux de taxer eux-mêmes lefdites Expeditions, ny mettre le fcellé fur icelles : Leur enjoignant de tenir la main à l'execution defdits Edits & prefent Reglement, & à la levée defdits droits fur les peines portées par iceux. Enjoignons aux Clercs commis aux Audiances des Chancelleries Prefidiales, de tenir un Regiftre exact, & par journées diftinctes de toutes Expeditions fujettes au Sceau defdites Chancelleries Prefidiales, avec le nom, furnom & le nombre des Impetrans, & en l'abfence de nos Secretaires, de taxer les Lettres conformément au prefent Reglement, fans y apporter aucune moderation, ny en faire aucune gratification, à peine d'en répondre en leurs propres & privez noms, & d'envoyer à leurs dépens, de fix mois en fix mois aux grands Audianciers nos droits les charges ordinaires prealablement déduites, & à nofdits Secretaires & Chauffecires les droits à eux appartenans, franchement & quittement, fans que fous pretexte des affignations & contraintes qui leurs auroient ou pourroient cy-aprés eftre faites à la Requefte de nos Procureurs generaux és Chambres des Comptes, pour y compter defdits droits au préjudice de leur Edit de creation du mois de Decembre 1557. de l'Edit du mois de Février 1561. de l'Arreft du Confeil du 4. Février 1574. de l'Edit du mois de Février 1622. & des Arrefts du Confeil des 8. May 1636. & 22. Avril 1661. lefdits Clercs Commis, & tous autres qui ont fait & feront cy-aprés la Recepte defdits droits, puiffent fe difpenfer de compter par eftat dans ledit temps defdits droits du Sceau aufdits grands Audianciers, Secretaires, Chauffecires & autres ayant d'eux pouvoir, defquelles affignations, contraintes & amendes, Nous les avons déchargez & déchargeons : Leur faifant défenfes de rendre aucun compte defdits droits aufdites Chambres, & à nos Procureurs generaux en icelles, d'en faire aucune requifition ny pourfuites, & à nofdites Chambres de décerner aucunes contraintes, ny rendre aucuns Arrefts contre eux, & à tous Huiffiers defdites Chambres, de mettre à execu-

tion aucuns Arreſts, Contraintes & Executoires pour raiſon de ce, ny d'exiger deſdits Clercs commis, & de tous autres qui ont fait & feront la Recepte deſdits droits
aucuns deniers, ſous pretexte de frais de voyage ny autrement, à peine de concuſſion
& de privation de leurs Charges, deſquels deniers neanmoins leſdits grands Audianciers feront tenus de compter en noſtre Chambre des Comptes de Paris, ſuivant la
Declaration du 12. Juillet 1603. regiſtrée en ladite Chambre le 18. Decembre audit an.
Si DONNONS en mandement à noſtre tres-cher & feal Chevalier, Chancelier de
France le Sieur Seguier, que ces preſentes il ait à faire lire & publier le Sceau tenant,
icelles regiſtrer és Regiſtres de l'Audience de France; enſemble ledit Arreſt cy-attaché
ſous le Contre-ſcel de noſtre Chancellerie, & le contenu en iceluy, & en nos preſentes Lettres, faire garder & obſerver à tous nos Sujets ſans y contrevenir: MANDONS
en outre à tous nos Officiers de nos Cours de Parlement, Chambre des Comptes,
Cour des Aydes, Preſidiaux & autres Officiers de ce Royaume, chacun en droit ſoy,
de faire lire, publier & regiſtrer ceſdites preſentes, & de faire garder & obſerver le
contenu en icelles: Enjoignons à nos Procureurs generaux & leurs Subſtituts de faire
pour raiſon de ce, toutes requiſitions, pourſuites & diligences neceſſaires; Et à nos
amez & feaux Conſeillers, Maiſtres des Requeſtes ordinaires de noſtre Hoſtel, &
Commiſſaires départis dans nos Provinces, de tenir la main à l'execution de ceſdites
preſentes: Commandons au premier noſtre Huiſſier, ou Sergent ſur ce requis, nonobſtant que leur établiſſement ne ſoit dans le Reſſort deſdites Chancelleries, de faire
pour l'execution deſdites preſentes & dudit Arreſt, tous Exploits, Commandemens,
& autres actes neceſſaires pour le fait ſuſdit, tant ſeulement, & auſquels nous en at-
tribuons le pouvoir en vertu de ceſdites preſentes, ſans qu'il leur puiſſe eſtre apporté
aucun trouble ny empeſchement, & ce nonobſtant oppoſitions ou appellations quelconques & ſans préjudice d'icelles, dont s'il en intervient aucune, Nous nous en re-
ſervons la connoiſſance, & icelle renvoyons à noſtre tres-cher & feal Chancellier de
France, pardevant lequel tous contrevenans feront aſſignez, deffendant à tous autres
Juges d'en prendre aucune; Et dautant qu'on pourra avoir beſoin en pluſieurs & dif-
ferens endroits deſdites preſentes & dudit Arreſt: Voulons qu'aux coppies collation-
nées d'iceux, par l'un de nos amez & feaux Conſeillers & Secretaires, foy y ſoit ajoû-
tée comme à l'Original: CAR TEL eſt noſtre plaiſir; En témoin dequoy Nous avons
fait mettre noſtre Scel à ceſdites preſentes. DONNE' à l'Iſle en Flandre, le 23. May,
l'an de grace 1670. Et de noſtre Regne le vingt-huitiéme. Signé LOUIS. *Et plus bas,*
Par le Roy, COLBERT; Et ſcellé du grand Sceau de cire jaune.

Lû, publié le Scean tenant, & regiſtré és Regiſtres de l'Audience de France: de l'Or-
donnance de Monſeigneur Seguier, Chevalier, Chancelier de France, moy Conſeiller du
Roy en ſes Conſeils & grand Audiencier de France preſent. A Paris le 28. jour de May
1670. Signé, BERAUD.

ARREST DU CONSEIL D'ESTAT INTERVENU AU
Rapport de Monſieur Colbert, le vingt-deuxiéme Avril 1673.
en conformité des precedens.

EXTRAIT DES REGISTRES DU CONSEIL D'ESTAT.

LE ROY s'eſtant fait repreſenter en ſon Conſeil ſes Edits des mois de Decembre
1557. & Février 1575. la Declaration du 16. Mars 1576. verifiez au Parlement, les
Arreſts

Arrefts du Confeil des 27. May 1587. 15. Avril 1667. 11. Juin 1668. 21. Avril, 23. Septembre & 7. May 1670. 3. & 17. Février & 3. Juillet 1671. & la Declaration du 23. Avril 1672.
donnée en confequence de l'Edit dudit mois, verifiée au Parlement de Paris, & ailleurs où befoin a efté, le tout intervenu fur le fait des Chancelleries Prefidiales du
Royaume, & voulant Sa Majefté qu'ils foient executées felon leur forme & teneur au
Prefidial du Chaftelet de Paris, comme dans tous les autres Prefidiaux du Royaume,
conformement aufdits Edits, Declarations, Arrefts & Reglemens intervenus en confequence. Oüy le Rapport du fieur Colbert, Confeiller ordinaire au Confeil Royal,
Contrôlleur general des Finances. Sa Majefté eftant en fon Confeil, a ordonné & ordonne que tous les reliefs d'appel, anticipations, defertions, converfions d'appel en
oppofitions, defiftemens, acquiefcemens, compulfoires, & autres Lettres de Juftice
en matiere civile & criminelle pour l'inftruction & jugement des procez qui fe jugeront audit Siége Prefidial du Chaftelet de Paris, és cas des Edits de la Prefidialité &
execution d'iceux, tant en premiere inftance que par appel de tous les Refforts & Juftices reffortiffantes en iceluy foient intitulées du nom de Sa Majefté, dreffées, fignées
& expediées par fes Secretaires, & fcellées du Sceau de la Chancellerie eftant prés le
Parlement de Paris, que toutes Sentences & Jugemens provifoires, interlocutoires &
diffinitifs au premier ou fecond chef des Edits de la Prefidialité donnez à l'Audiance,
foit en procez par écrit ou par acquiefcemens accordez entre Avocats, Procureurs &
leurs parties audit Siege Prefidial, foit pour principal, dommages & interefts, ou dépens, foit par appel de tous lefdits Refforts & Juftices reffortiffans en iceluy en toutes
matieres dont la Jurifdiction en dernier Reffort ou provifoire eft attribuée aux Prefidiaux par les Edits de Prefidialité & ampliation d'iceux, feront intitulez, *Les Gens
tenans le Siege Prefidial du Chaftelet de Paris*, & fcellez pareillement du Sceau de ladite Chancellerie; enfemble les Executoires de dépens émanez defdites Sentences, pour
le Scel defquelles Lettres, Jugemens & Sentences fera payé conformément au Tarif
des droits du Sceau, & des taxes des Lettres qui fe fcellent és Chancelleries Prefidiales attachées fous le contre-fcel de ladite Declaration du 24. Avril 1672. Fait Sa Majefté défenfes aufdits Officiers de recevoir fur Requefte aucunes parties appellantes,
les tenir pour bien relevées à renoncer, & fe defifter, ou acquiefcer à leurs appellations,
pour anticiper ou adjourner en defertion fur icelles és matieres reffortiffantes au Prefidial dudit Chaftelet és cas des Edits de la Prefidialité & execution d'iceux, ny ordonner que les Sentences & Jugemens dudit Chaftelet aux cas Prefidiaux, feront executez fur & en vertu de l'extrait, & aux Greffiers Civils, Criminels & Ordinaires dudit
Chaftelet, leurs Clercs & Commis, figner & expedier & délivrer aux parties lefdites
Expeditions en autre forme que fous l'intitulé, *Les Gens tenans le Siege Prefidial dudit Chaftelet*, à peine d'eftre refponfables en leurs propres & privez noms des droits
du Sceau defdits actes d'interdiction, trois cens livres d'amende & reftitution du qua-
truple des droits du Sceau pour chacune contravention, à quoy faire ils feront contraints, ainfi qu'il eft accoûtumé pour les affaires de Sa Majefté, en vertu du prefent
Arreft, fans qu'il en foit befoin d'autre, & aux Procureurs dudit Chaftelet d'occuper
pour les parties fur les affignations, & autres exploits qui leurs feront donnez audit
Prefidial pour les cas efquels on doit prendre Lettres comme reliefs d'appel, anticipations & autres Lettres cy-deffus rapportées en matiere, dont la Jurifdiction en dernier reffort & provifoire luy eft attribuée, fi les Exploits n'ont efté faits en vertu de
Lettres fcellées en ladite Chancellerie, ny de prefenter Requefte, tant pour venir proceder ou anticiper fur l'appel des Sentences & Jugemens procedans defdits Refforts,

D

que pour l'execution defdits Jugemens rendus fur lefdits appels, fans que lefdites Sentences & Jugemens ayent efté fcellez en ladite Chancellerie, & à tous Huiffiers, Sergens & Archers de donner affignation audit Siege Prefidial du Chaftelet, fignifier ny mettre à execution aucunes Sentences & Jugemens, & Executoires dudit Siege és cas des Edits, fans que lefdites Expeditions foient fcellées en ladite Chancellerie, ny de fignifier & executer lefdits Jugemens & Sentences par extrait fur les mêmes peines de reftitution de droits, interdiction & amende payable comme deffus, fans que lefdites peines puiffent eftre reputées comminatoires ny icelles moderées & furfifes fous quelque pretexte que ce foit : Et fera le prefent Arreft leu, publié & enregiftré audit Siege Prefidial du Chaftelet, & affiché ou befoin fera, à ce qu'aucun n'en ignore, & executé nonobftant oppofitions ou appellations quelconques, dont fi aucunes interviennent, Sa Majefté s'en eft refervé la connoiffance en fon Confeil, & icelle interdite à toutes fes autres Cours & Juges. Fait au Confeil d'Eftat du Roy, Sa Majefté y eftant, tenu à faint Germain en Laye, le vingt-deuxiéme jour d'Avril mil fix cens foixante-treize. Signé COLBERT.

LOUIS par la grace de Dieu, Roy de France & de Navarre, &c. Donné à faint Germain en Laye, le vingt-deuxiéme jour d'Avril, l'an de grace mil fix cens foixante-treize, & de noftre Regne le trentiéme. Signé LOUIS: *Et plus bas*, Par le Roy, COLBERT. Et fcellé du grand Sceau.

Arreft intervenu au Confeil du Roy le 27. Septembre 1677. aprés avoir communiqué à Meffieurs les Commiffaires, portant défenfes de proceder en execution des Jugemens Prefidiaux pardevant les Baillifs Senéchaux, ny ailleurs, qu'efdits Prefidiaux.

LE Roy eftant informé, qu'au préjudice des Edits de la Prefidialité, & ampliations d'iceux des mois de Mars 1551. & Juillet 1552. Declarations, Arrefts & Reglemens fur le fait des Chancelleries Prefidiales, particulierement des Declarations de Sa Majefté des 23. May 1670. 24. Avril 1672. & Arrefts en Reglement donnez en confequence du 12. Novembre 1674. & même de la nouvelle Ordonnance de Sadite Majefté du mois d'Avril 1667. les Greffiers d'Appeaux des Prefidiaux ayant expedié & figné un Jugement Prefidial, les Procureurs en execution d'iceluy, au lieu de fe pourvoir pardevant les Officiers dudit Prefidial, aufquels la connoiffance en appartient, à l'exclufion de tous autres Juges procedent par Requefte perdevant les Baillifs ou Senéchaux, lefquels rendent des Jugemens fur lefdites Requeftes aux Bailliages, afin par ce moyen de frauder le Sceau des Chancelleries Prefidiales, & lefdits Procureurs font auffi affigner les parties, tant en garantie ou reprife d'inftance introduite efdits Bailliages & Prefidiaux, fans prendre Commiffion en Chancellerie contre la difpofition formelle de ladite nouvelle Ordonnance, titre 8. article premier : A quoy fa Majefté voulant pourvoir; Veu audit Confeil les Edits & Declarations : Oüy le Rapport du fieur Turgot, Confeiller du Roy en fes Confeils, Maiftre des Requeftes ordinaire de fon Hoftel, & Commiffaire à ce deputé, qui en a communiqué aux fieurs de la Marguerie & Hotman auffi Commiffaires à ce deputez; Et tout confideré. LE ROY EN SON CONSEIL, de l'avis de Monfieur le Chancellier, a ordonné & ordonne que lefdits Edits, Declarations, Arrefts & Reglemens, fur le fait des Chancelleries Prefidiales, feront executez felon leur forme & teneur ; & en confequence fait Sa Majefté défenfes aux Procureurs defdits Prefidiaux, Bailliages, & autres Jurifdictions, de faire aucunes pourfuites ailleurs que pardevant les Officiers defdits Prefidiaux, en execution des Sentences Prefidiales, lefquelles, enfemble les Jugemens qui auront efté donnez en confequence, & les executoires de dépens és cas de Prefidialité, feront conformément aufdits Edits & Declaration de Sa Majefté intitulez, *Les Gens tenans le Siege Prefidial*, fignez & expediez par les Greffiers d'Appeaux des Prefidiaux, & fcellez du Sceau des Chancelleries Prefidiales. Comme auffi fait Sa Majefté défenfes aufdits Procureurs de fe prefenter, ou occuper fur fimple Requefte, pour faire affigner aufdits Prefidiaux les parties en garantie, ou reprife d'inftance, qu'en vertu de Commiffions bien & deuëment fcellées efdites Chancelleries Prefidiales, fignées par un des Confeillers Secretaires de Sa Majefté, & de fes Finances, ou en leur abfence par lefdits Greffiers d'Appeaux, conformément à ladite nouvelle Ordonnance, aux proprietaires ou Fermiers des petits Sceaux de fceller lefdits Jugemens ou Executoires, & à tous Huiffiers de les mettre à execution, ou donner affignation efdits cas, que lefdits Jugemens & Commiffions n'ayent efté bien & deuëment fcellées efdites Chancelleries Prefidiales, conformément aufdites Declarations de Sa Majefté, & Arreft dudit jour douze Novembre 1674. aux peines y mentionnées, fans qu'elles puiffent eftre reputées comminatoires, & fera le prefent Arreft leu, publié & executé, nonobftant oppofitions ou appellations quelconques, dont fi aucunes interviennent, Sa Majefté s'en eft refervé la connoiffance en fondit Confeil, & a icelle interdite à toutes fes autres Cours & Juges. Fait au Confeil privé du Roy, tenu à Paris le 27. jour de Septembre 1677. Collationné, Signé LAGUILLAUMYE.

LOUIS par la grace de Dieu, Roy de France & de Navarre, &c. Donné à Paris le 27. jour de Septembre l'an de grace 1677. Et de noftre Regne le trente-cinquiéme. Signé par le Roy en fon Confeil, LAGUILLAUMYE, & fcellé du grand Sceau de cire jaune fur fimple queuë, & contre-fcellé.

Arreft du Confeil d'Eftat rendu au Rapport de Monfieur Colbert, le 12. Novembre 1674. pour l'execution des precedens.

EXTRAIT DES REGISTRES DU CONSEIL D'ESTAT.

LE ROY eftant informé, que nonobftant les Edits, Arrefts & Reglemens fur le fait de fes Chancelleries ; & particulierement les deux dernieres Declarations de Sa Majefté des 23. May 1670. & 24. Avril 1672. qui comprennent tout ce qui a efté cydevant ordonné fur cette matiere, & reglent tous les droits & fonctions des Officiers d'icelles, tant de la grande Chancellerie, que de celles prés fes Cours, & des Chancelleries Prefidiales ; il arrive neanmoins encore fouvent diverfes conteftations entre les Officiers, & pour les droits defdites Chancelleries Prefidiales, en ce qu'en quelques Prefidiaux, les Confeillers Gardes-Scels au lieu de tenir Sceau journellement pour la facilité des Expeditions des parties ; & donner Audiance en quelque lieu convenable du Palais, où fe tiennent celles de leur Prefidial, ils ne fcellent que quand bon leur femble, & chez eux dans leurs maifons particulieres, & les Clercs commis de l'Audiance defdites Chancelleries Prefidiales, en confequence de leur Edit de creation du mois de Decembre 1557. prétendent avoir droit eux feuls, à l'exclufion de tous autres, de taxer les Expeditions du Sceau, mettre & cotter au dos le jour du Scellé avec leur paraphe, & y appliquer la cire; & les Greffiers d'Appeaux fous pretexte que par lefdits Edits il a efté ordonné qu'en l'abfence des Secretaires de Sa Majefté & de fes Finances, ils auront droit de dreffer, figner & expedier les Lettres intitulées du nom de Sa Majefté; prétendent à caufe de ce, outre & par deffus les droits dudit Sceau, & feparément d'iceux prendre à leur profit particulier, fuivant l'Arreft du Confeil du 4. Juillet 1651. & l'article 17. de la Declaration du 5. Novembre 1661. treize fols huit de-niers pour chacune defdites Lettres, qu'ils auront fignées: & de plus, qu'ils doi-vent avoir une clef du Sceau, & qu'il leur appartient feulement, & non pas aufdits Commis de l'Audiance de mettre & cotter le Scellé au dos defdites Expeditions avec leur paraphe, & en quelques lieux aucuns defdits Secretaires de Sa Majefté, qui s'y font habituez, eftans prefens au Sceau defdites Chancelleries prétendent auffi autres & plus grands droits que ceux de douze deniers pour fignature de chacune defdites Expeditions qu'ils auront fignées, à prendre fur lefdits treize fols huit deniers attri-buez aufdits Greffiers d'Appeaux, fuivant lefdits Arrefts & Declarations cy-deffus mentionnez; toutes lefquelles conteftations empêchent l'execution entiere defdites Declarations, & font caufe que les Officiers defdits Prefidiaux ne tiennent compte d'y obeïr, les Juges au préjudice d'icelles, reçoivent fur fimples Requeftes les parties en leur appel des Sentences, tant des Juftices Royales que particulieres & fubalternes reffortiffantes neuëment efdits Prefidiaux és cas de l'Edit; les Procureurs fignent & occupent fur lefdites Requeftes, & les Huiffiers les fignifient fans aucunes Lettres de relief d'appel, ce qui eft directement contre la difpofition de la nouvelle Ordonnance & de l'Arreft dudit Confeil du 21. Juin 1668. rendu en interpretation d'icelle: Les Greffiers Civils & Criminels defdits Prefidiaux ne font pareillement aucune difficulté de figner & délivrer journellement des Sentences, Jugemens & Executoires de dé-pens cy-devant rendus, fans qu'ils foient fcellez, fous pretexte qu'ils font anterieurs aufdites Declarations: Les Fermiers precedens defdits droits du Sceau en antidat-tent fouvent le fcellé pour en fruftrer ceux d'aprefent, aufquels lefdits droits en font legitimement deus: Et enfin la plûpart des Officiers defdites Chancelleries joüiffent des gages & droits qui ne leur appartiennent point; & n'ont jufqu'à prefent voulu re-prefenter leurs provifions & quittances de Finances, ny fournir leurs eftats de recepte & dépenfe defdits droits depuis fix années, conformément à ladite Declaration dudit jour 24. Avril 1671. A quoy Sa Majefté voulant pourvoir, & que fes Sujets reçoivent defdits Edits & Declarations l'utilité & les effets qn'ils en doivent attendre. Veu lef-dits Edits, Declarations, Arrefts & Reglemens dudit Confeil fur le fait defdites Chan-celleries Prefidiales; Oüy le Rapport du fieur Colbert, Confeiller ordinaire au Con-feil Royal, & Contrôlleur general des Finances; Et tout confideré. SA MAJESTE' EN SON CONSEIL, de l'avis de Monfieur le Chancellier, a ordonné & ordonne que lefdites Declarations defdits jours 23. May 1670. & 24. Avril 1672. feront execu-tées felon leur forme & teneur; & en interpretant icelles, que les Sceaux defdites Chancelleries Prefidiales, feront enfermez dans une caffette à trois clefs, une defquel-les fera gardée par le Confeiller Garde-fcel avec la garde defdits Sceaux; l'autre par le Commis de l'Audiance, & la troifiéme par le Fermier ou Commis à la Recepte def-dits droits: Ce faifant que le Confeiller Garde defdits Sceaux pour faciliter les Expe-ditions des parties, fera tenu de faire porter ladite Caffette chaque jour au Palais or-dinaire en lieu convenable où il tiendra fes Audiances, où feront toutes Lettres,

Jugemens,

Jugemens, Sentences, Executoires & autres Expeditions sujettes ausdits Sceaux, scellées, & taxées conformément aux Tarifs arrestez au Conseil, suivant lesdits Edits & Declarations, & les droits en provenans receus ainsi qu'il est accoûtumé, à la charge de payer par iceux les charges ordinaires suivant lesdits Edits & les Estats qui en seront arrestez chacune année par Monsieur le Chancellier, lesquels Fermiers ou leurs Commis tiendront un Controlle du Registre desdits droits; & pour seureté d'iceux parapheront lesdites Expeditions : seront tenus lesdits Commis à l'Audiance de mettre le scellé avec la datte d'iceluy, & leur paraphe, & y appliquer la cire, & tenir bon & fidel Registre desdites Lettres & Expeditions, avec la qualité de chacunes d'icelles qui auront esté scellées chacun jour du Sceau. Fait Sa Majesté défenses aux Greffiers d'Appeaux de troubler lesdits Commis à l'Audiance en leurs fonctions, ny en faire autre que dresser & signer lesdites Lettres intitulées du nom de Sa Majesté en l'absence desdits Secretaires, & tant à eux qu'ausdits Secretaires de Sa Majesté qui seront presens au Sceau, de recevoir autres ny plus grands droits que treize sols huit deniers, & audit Secretaire du Roy present, douze deniers pour son droit de signature par chacune desdites Expeditions, outre les émolumens du Sceau, conformément ausdits Arrests du 4. Juillet 1651. & Declaration du 5. Novembre 1661. à peine de concussion. Fait aussi Sa Majesté tres expresses inhibitions & défenses aux Juges Presidiaux de recevoir sur simples Requestes verbales, ou par écrit aucunes appellations, tant des Justices Royales que particulieres & subalternes, ressortissantes nuëment esdits Presidiaux és cas de l'Edit, aux Procureurs de signer lesdites Requestes ny occuper sur icelles : A tous Greffiers Civils & Criminels de délivrer à l'avenir aucuns Jugemens ny Sentences esdits cas, de quelque datte qu'ils puissent estre, aux Fermiers precedens desdits droits du Sceau desdites Chancelleries, de plus recevoir sous quelque pretexte que ce soit, ny antidatter le jour du scellé desdites Expeditions : Et aux Huissiers & Sergens d'en faire aucune signification, ny les mettre à execution, qu'il ne leur apparoisse avoir esté au prealable bien & deuëment scellées, le tout aux peines mentionnées ausdites Declarations, & contre les contrevenans de trois cens livres d'amende pour chacune contravention, qui appartiendront; sçavoir un tiers à l'Hospital des lieux, un tiers au Fermier desdits droits en charge; l'autre tiers au denonciateur, conformément aux Arrests du Conseil des 27. May 1587. & quatre Juillet 1651. nonobstant tous Edits, Declarations & autres Arrests à ce contraires, ausquels Sa Majesté a derogé pour ce regard, sans que ladite peine puisse estre reputée comminatoire. Sa Majesté l'a declarée dés à present encouruë en cas de contravention, conformément à l'Arrest du Conseil du 24. Février dernier : Ordonne Sa Majesté qu'en execution de ladite Declaration dudit jour 24. Avril 1672. les Officiers desdites Chancelleries Presidiales seront tenus un mois aprés le Commandement qui leur sera fait, de representer chacun à leur égard pardevant Monsieur le Chancellier leurs provisions, titres & quittances de Finances pour justification desdits droits dont ils ont joüy ou prétendent joüir, ensemble un estat par eux certifié, contenant par le menu de quartier en quartier, la recepte & dépense qu'ils ont faite depuis six années, à commencer du premier Janvier 1668. aux peines y mentionnées; & jusqu'à ce, fait Sa Majesté défenses ausdits Fermiers & Commis de leur payer aucuns gages ny droits, à peine de repetition contre eux en leurs noms. Ordonne en outre Sa Majesté, qu'en cas de contestation entre lesdits Officiers desdites Chancelleries Presidiales, ou de contraventions ausdits Edits, Declarations, Arrests & Reglemens sur le fait d'icelles, les parties se pourvoiront pardevant Monsieur le Chancellier, lesdits sieurs Commissaires départis ou lesdits Confeillers Gardes des Scels, au choix & option defdits Clercs commis à l'Audian-ce, ou Fermiers, fans qu'il foit befoin d'aucun requifitoire de Procureurs de Sa Ma-jefté efdits Prefidiaux, ny d'autre Commiffion que du prefent Arreft, à l'execution duquel, enfemble defdits Edits, Declarations & Reglemens. Sa Majefté enjoint aux fieurs Commiffaires départis, & aufdits Confeillers Gardes-fcels defdits Prefidiaux de tenir la main chacun à leur égard, & ce qui fera par eux ordonné, & le prefent Ar-reft qui fera lû & publié ; enfemble ce qui fera ordonné par Monfieur le Chancellier, executé nonobftant oppofitions ou appellations quelconques, dont fi aucuns inter-viennent, Sa Majefté s'en eft refervée la connoiffance en fondit Confeil, & a icelle interdite à toutes fes autres Cours & Juges. Fait au Confeil d'Eftat du Roy, tenu à Paris le 12. jour de Novembre 1674. Collationné, Signé BECHAMEIL.

LOUIS par la grace de Dieu, Roy de France & de Navarre , &c. Donné à Paris le douziéme jour de Novembre, l'an de grace 1674. & de noftre Regne le trente-deuxiéme. Signé , Par le Roy Dauphin , Comte de Provence , en fon Confeil. BECHAMEIL. Et fcellé du grand Sceau,

---

Arreft du Confeil du Roy, rendu le huitiéme Aouft 1679. de l'avis de Monfieur le Chancellier, Garde des Sceaux de France, portant en-tre autres chofes, que les Officiers , Greffiers , Gardes des petits Sceaux , & autres qui contreviendront à la Declaration du Roy, Arrefts & Reglemens dudit Confeil cy-deffus dattez, payeront cha-cun trois cens livres d'amende pour chacune contravention , fans que lefdites amendes puiffent eftre remifes ny moderées.

EXTRAIT DES REGISTRES DU CONSEIL PRIVE' DU ROY.

SUR la Requefte prefentée au Roy en fon Confeil par les Confeillers Secretaires de Sa Majefté, & les Officiers de la grande Chancellerie, contenant qu'encore que par les Edits & Declarations de Sa Majefté, Arrefts du Confeil rendus en confequen-ce les 21. Avril 1670. & 12. Novembre 1674. il ait efté fait défenfes tres-expreffes aux Officiers des Prefidiaux de recevoir fur des fimples Requeftes les parties appellantes, les tenir pour bien relevées dans les affaires au premier ou fecond chef de l'Edit des Prefidiaux, ny de prononcer fur lefdites appellations fi les parties n'ont obtenu des Lettres d'appel, fcellées des Sceaux des Chancelleries Prefidiales, & aux Greffiers Civils, Criminels, & Ordinaires defdits Sieges Prefidiaux, de délivrer aux parties ou à leurs Procureurs les Jugemens & Sentences dans lefdits cas avant qu'elles ayent efté fcellées du Sceau defdites Chancelleries, même de les délivrer autrement qu'en forme & non par extrait , & aux Procureurs des parties d'occuper pour elles fur les affignations qui feront données aufdits Sieges Prefidiaux, dans les cas aufquels le Prefidial juge en dernier reffort, ou provifoiremenr, que lorfque lefdites affignations auront efté données en vertu des Lettres expediées efdites Chancelleries Prefidiales, & aux Huiffiers & Sergens de donner lefdites affignations, qu'en confequence defdi-tes Lettres, foit en premiere inftance ou par appel dans lefdits cas de l'Edit, ny de fignifier les Jugemens Prefidiaux au premier & fecond chef, s'ils ne font fcellez du

Sceau defdites Chancelleries, le tout à peine contre lefdits Officiers , Greffiers, Procureurs & Huiffiers de répondre en leurs noms du droit du Sceau, & de trois cens livres d'amende pour chaque contravention , neanmoins tous ces Reglemens reftent fans execution par le défaut d'appliquer ces condamnations generales aux particuliers contrevenans : Et dautant que s'il falloit faire affigner tous les particuliers conttevenans pour les faire condamner contradictoirement, outre que cela produiroit un grand nombre de procés, les frais qu'il conviendroit faire confommeroient les parties, c'eft pourquoy les Supplians rapporteront des contraventions faites aufdits Edits, Declarations & Arrefts par les Officiers, Greffiers, Procureurs & Sergens des Prefidiaux de Chaumont, Senlis & Beauvais, aux fins de les faire condamner en l'amende de trois cens livres, & donner par là l'exemple aux autres Officiers. A ces Causes, & qu'il eft juftifié que dans le Prefidial de Chaumont le nommé Puiffant Greffier a délivré une Sentence Prefidiale du premier Decembre 1678. par extrait fans eftre fcellée, que l'Huiffier Coquet a fignifié le 13. Avril dernier, que dans le même Prefidial le nommé Gendrecourt par fon Ordonnance du 15. May dernier a reçû appellant François Guyot de la Sentence du Juge de Milieu, & permis fur ledit appel d'intimer qui bon luy fembleroit, quoiqu'il ne s'agift au fond que de fept livres dix fols, laquelle Requefte a efté fignée par Jean de Laune Procureur audit Siege, & fignifiée avec intimation par Lallement Sergent, le 17. dudit mois de May, que pareilles contraventions ont efté faites au Prefidial de Senlis, en ce que le nommé Luffon a reçû appellant Maximilien de Vaux d'une Sentence du Juge de Frefnoy, au bas d'une Requefte à luy prefentée fuivant fon Ordonnance du 27. Avril 1679. fignifiée le même jour par Guillier Sergent, & pareillement le nommé Crochet Sergent audit lieu, a fignifié une Sentence Prefidiale de Senlis au premier chef de l'Edit, que Chaton Greffier du Prefidial a délivrée fans eftre fcellée ; ce qui a efté ainfi pratiqué par le Greffier du Prefidial de Beauvais, qui en a délivré deux par collocation que l'Huiffier Mavel a fignifiées toutes lefquelles contraventions caufent un préjudice notable aux droits du Sceau; requeroient les Supplians qu'il plût à Sa Majefté condamner lefdits Gendrecourt & Luffon Lieutenans aux Bailliages & Sieges Prefidiaux de Chaumont & Senlis, Puiffant & Chaton Greffiers aufdits Sieges, enfemble le Greffier & Commis au Greffe de Beauvais, de Laune Procureur au Prefidial de Chaumont, Coquet, Lallemand, Lhuillier, Crochet, & Mavel Sergens, qui ont fignifié lefdites Ordonnances & Sentences, chacun en trois cens livres d'amende pour chaque contravention, fuivant & conformément à la difpofition des Edits & Declarations, & de l'Arreft du Confeil du 12. Novembre 1674. & autres rendus en confequence, leur faire défenfes de refcidiver fur plus grande peine, & les condamner aux dommages & interefts des Supplians procedans defdites contraventions & aux dépens de l'Arreft qui interviendra fur la prefente Requefte, tels qu'il plaira à Sa Majefté les liquider : Veu ladite Requefte & pieces juftificatives d'icelle : Où y le Rapport du fieur de Seve, Confeiller du Roy en fes Confeils, Maiftre des Requeftes ordinaire de fon Hôtel, Commiffaire à ce député; & tout confideré. LE ROY EN SON CONSEIL, de l'avis de Monfieur le Chancellier, a ordonné & ordonne, qu'en rapportant par lefdits Confeillers & Secretaires de Sa Majefté les fignifications qui auront efté faites aux Greffes des Sieges Prefidiaux defdits Arrefts & Reglemens des 21. Avril & 23. May 1670. 22. Avril 1673. 12. Novembre 1674. & 27. Septembre 1677. enfemble du prefent Arreft, defquels coppies feront affichées aux Portes des Auditoires defdits Sieges, les Officiers, Greffiers, Procureurs, Huiffiers, Sergens & Gardes des petits Sceaux qui contreviendront aufdits Arrefts & Reglemens, feront condamnez en trois cens livres d'amende pour chaque contravention, chacun à fon égard, fans que fous quelque pretexte que ce foit lefdites amendes puiffent eftre remifes ny moderées. Enjoint Sa Majefté aux Subftituts de fes Procureurs Generaux aufdits Sieges de tenir la main à l'execution du prefent Arreft, qui fera executé nonobftant oppofitions ou appellations quelconques. F A I T au Confeil Privé du Roy, tenu à faint Germain en Laye, le huitiéme jour d'Aouft 1679. Collationné, Signé LA GUILLAUMYE.

LOUIS par la grace de Dieu, Roy de France & de Navarre, &c. Donné à faint Germain en Laye, le huitiéme jour d'Aouft, l'an de grace mil fix cens foixante-dix-neuf, & de noftre Regne le trente-feptiéme. *Et plus bas*, Par le Roy, Dauphin Comte de Provence, en fon Confeil. Signé, LA GUILLAUMYE, & fcellée du grand Sceau en fimple queuë de cire jaune, & contre-fcellé.